LOS ÚLTIMOS DÍAS DE PLINIO EL VIEJO

Ignacio Cartagena

LOS ÚLTIMOS DÍAS
DE PLINIO EL VIEJO

Ignacio Cartagena

LOS ÚLTIMOS DÍAS DE PLINIO EL VIEJO

colección

| NON OMNIS MORIAR |

Los últimos días de Plinio el Viejo
Ignacio Cartagena

Colección: NON OMNIS MORIAR

Dirección editorial: Ilia Galán

© 2018 Ignacio Cartagena
© 2018 ARS POETICA (de la edición)

ENTREACACIAS, S.L.
[Sociedad editora]
  c/Covadonga, 8
  33002 Oviedo - Asturias
  (ESPAÑA)
  info@arspoetica.es | pedidos@arspoetica.es

1ª edición: diciembre, 2018

ISBN (edición impresa): 978-84-17691-10-3
ISBN (edición digital): 978-84-17691-11-0
Depósito Legal: AS 03999-2018

Impreso en España
Impreso por Podiprint

Omnibus a supremo die eadem quae ante primum

PLINIO EL VIEJO

A los pocos días de fallecer mi profesor de latín, a quien en clase llamábamos Plinio el Viejo, su viuda, que también fue profesora mía, de matemáticas, me llamó para entregarme unos cuadernos llenos de versos. He aquí lo que me dijo:

Estos poemas eran el diario de mi marido. En los últimos años de enseñanza, las clases se le hicieron muy cuesta arriba. Luego nos jubilamos, me propuso que nos marcháramos al apartamento de la playa, y allí recuperó sus clásicos, retomó las acuarelas, volvió a pescar y a dar paseos... Pero escribir era lo único que le llenaba los días; incluso los últimos, cuando ya no hacíamos más que entrar y salir del hospital.

Léetelos con calma. No me los devuelvas. Las letras no son lo mío, y a él le hubiera gustado que un alumno los tuviese. Además: tal vez descubras algo que merezca publicarse. Si así lo decides, tienes mi permiso, aunque prefiero que su nombre no aparezca.

He ordenado los poemas en tres partes, atendiendo al orden cronológico que los cuadernos me sugerían:

En «Lluvia tras los cristales» recojo los últimos años de Instituto, en «Ensayo de paz perpetua», los años de la jubilación y en «El bárbaro Odoacro» los poemas que —me parece— escribió mi profesor en sus últimos meses de vida.

También he incluido un par de poemas largos que no tenían fecha: «Desnudo para principiantes» y «La academia de la lengua». Hago notar que, en el manuscrito, tanto la palabra «academia» como la palabra «lengua» aparecían en minúscula.

El poemario se abre con unos breves fragmentos arqueológicos, de difícil encaje en otro lugar, que creo pueden servir de pórtico al conjunto. Los he titulado «En la Ciudad Efímera», en homenaje a una de sus ciudades predilectas.

En la Ciudad Efímera

These fragments I shored against my ruins.

T.S. ELIOT

Non legitur

Anoche te me has vuelto a hacer encima
y me has dejado el pecho convertido en pergamino.

Repaso los relieves del mensaje indescifrable.
Mis manos son en sánscrito, tu cuerpo es en latín.

La labor del arqueólogo

A veces eres túmulo
y vaso ecuestre y urna cineraria.

Y a veces aguja para el pelo,
cuenco, fíbula, candil, collar, sandalia.

Y a veces eres trigo.
Y a veces, delantal de esparto.

Y siempre estás sellada, siempre dentro,
y esperas que te limpie con ayuda de un escoplo,

que extraiga intimidad de entre tus días casi iguales,
que escarbe por debajo de tu séptimo cansancio.

Copa quebrada

Guardas en tu cuerpo un diminuto anacronismo,
un método de riego que dejaron los etruscos,
la acequia que disuelve entre espirales
el bronce ecuestre de mis limoneros.
Con ese viejo ducto me administras
las aguas de tu celo, moldeadas
hasta el barro; me repartes
en ungüentos, en afeites;
y si algo cae, algo
mancha o
algo
de
mí
queda,
lo reciclas
para darle de
comer a tus migrañas.

Pro domo mea

Tu cuerpo llega a veces de visita
por el impluvio.
Descalzo, se recuesta en el triclinio,
me agradece
la cena que le ofrezco,
los licores.

Y luego, ya sin túnica ni velo
— dejando tiempo a que la servidumbre
retire, de su tacto, lo que sobre —
me pide que vaya colocándole las piezas
de un juego tristemente parecido
al ajedrez.

Yacimiento

Dos mil años más tarde, en esta casa,
los gestos que acabamos desechando
tendrán las asas rotas, y sus curvas
serán de arcilla espesa,
sin esmalte.

Por más vueltas que den, a los expertos
también les pasará lo que a nosotros:

que no tendrán idea de cómo interpretarlos.

Desnudo para principiantes

La vie est courte, mais le temps qu'elle dure, il est long.

HENRI MATISSE

— ¿Y
     cómo
         quieres
             esta
                 vez
                     que
                         pose?

— Espera: voy a ver qué dice el libro.

(Abro el libro. Su título completo:
«Método Matisse: curso de pintura.

Volumen I: aprenda a hacer desnudos.
Formas,
       métodos,
           técnicas
                y trucos»).

Sitúo un dedo encima de la foto
del autor,

      un tal Jorgen Amundsen

(un sueco,

      protestante,

          naturista,
sonrisa a cuadros, barba despistada,
bigotes antes rubios ahora grises,
gurú del senderismo, el bricolaje,
la mística oriental,

            las zanahorias).

Jorgen Amundsen —dice la cubierta—
viajó por todo el mundo hasta casarse.
Venera a su mujer,
sus cinco hijos.

Cumplidos los sesenta: un ictus, un derrame
y un coma —quince días— inducido,
trasplante a vida o muerte, marcapasos de titanio
y luego el despertar, la *vita nuova*: desayuno
—soja,

      miel,

         meditación—
bañarse en cualquier época del año
trepar, plantar orquídeas, cantar himnos,
hacerse de UNICEF y no olvidar
el Amazonas.

Jorgen, ya lo sé, es como nosotros
pensamos que tendríamos que ser.

Para que veas.

—Toma —me dijiste— tu regalo.
(Llegó tras la canción y las velitas
la tarta sin azúcar, sin lactosa).

—¿Para mí?—
dije, fingiendo
algún modesto grado de sorpresa.
—¿Un libro?

—Un libro, sí. Pero este es diferente.

Los años que te cumplo los celebras
regalándome algún libro.
Y son, lo admitiré, libros diversos:
hubo años policiacos,
años de novelas de aventuras,
de míseros libritos de autoayuda,
de métodos de inglés
                        y de sudokus,
de guías y de médicos en casa.
(No sé cómo tomarme el año aquel
del diccionario micológico
en dos tomos).

—Y ¿qué toca este año? —pregunté.
Y entonces, al abrirlo vi aquel título
de ubérrimas colinas y de álamos
de musgos verdeazul y de deshielos.

—Método Matisse
desnudo para principiantes.

—¿qué haré yo con esto —te miré—
si lo mío es pintar flores?

Pusiste otro triángulo de tarta sobre el plato de papel.

—Pues tal vez yo me anime a hacerte de modelo.

¿Te acuerdas de tu madre, de su cara?
¿su mezcla de sonrisa con angina
de pecho su *no tienes edad, hija,
no tienes edad?* ¿tú
no tienes?

Y a mi me dieron ganas de decirle:

—¿y usted de qué se ríe, Doña Urraca?
¿usted que no ha podido cumplir años
con más prisa?
¿Por qué no posa usted con ese cuerpo
color de acelga, de bicarbonato?

…Y no es por dar razones a tu madre:
confieso que la idea me fue incómoda al principio;
que habría preferido algún «aprenda a pintar flores»
algún «arquitectura del jardín»
un «casas y paisajes
de Toscana».

Quité al fin el precinto
—con una vaga idea de cruzar un Rubicón—
y abriéndolo al azar os enseñé
a ti, a tu madre y desde luego
a tu hijo adolescente, esas valquirias

(sus muslos con fiordos a estrenar,
sus piernas navegables solo en tronco de cerezo,
sus nubes de gaviotas asomándose al Atlántico,
sus géiseres de leche condensada,
con esa protección social escandinava,
los muebles de diseño y la imbatible
tasa de suicidios).

Mientras tanto,

tu madre: la plata lactescente
de la cucharilla.

Tu madre: los anclajes de aluminio
de la dentadura.

Tu madre con su lengua gris cemento
(Saturno merendándose a sus hijos).

Tu madre me veía pasar páginas.

– *Qué indecencia. Hija, qué indecencia.*

De aquello ya han pasado tres semanas.
Tu madre con su bolso y su abanico.
Tu madre, pensionista y jugadora.
Tu madre con sus perlas y su alzheimer
del revés: que no hay manera de que olvide.

Tu madre cayó enferma: neumonía.
Con suerte de ésta ya no se levanta.

Y tu has cogido el gusto a pasearte por la casa
desnuda como un ánfora fenicia.

Y te oigo susurrarme en diagonal

—¿Y
    cómo
        quieres
            esta
                vez
                    que
                        pose?

Y hoy no sé qué decirte, la verdad.

No lo he pensado.

LLUVIA TRAS LOS CRISTALES

(LV-LXV)

Y todo un coro infantil
va cantando la lección:
«mil veces ciento, cien mil;
mil veces mil, un millón».

ANTONIO MACHADO

Reflexión del 4,5

«Solo sé que no sé nada»… sí, Sócrates
lo dijo. Y es verdad que allí no había
ni móviles, ni redes, ni universo
global. Así cualquiera, dirá usted.
Y con razón: si Sócrates la viera
igual a como yo la estoy mirando
—con esos ojos verdes de turquesa
bruñidos sobre un fondo de ignorancia—
tal vez se asustaría de lo poco
que no sabe… pues de eso, no saber,
de no querer saber: de eso va el mundo.
Y yo me hice mayor sin comprenderlo
pero he recuperado —no se crea—
mi tiempo con su espléndido ejercicio.

Ya sé, gracias a usted, que nunca en clase
me oyó. ¿Pues, para qué? Si se desliza
su cuerpo, Teorema de Pitágoras,
como un balandro por las lenguas muertas.
¿Qué cree que debo hacer? ¿Debo ofenderme?
¿Y quién soy yo —dirá— para juzgarle?
Yo soy la decadencia de mi mundo,
la tumba de mis propios descendientes,
la crisis —hecha carne— de mi siglo.
…Perdón, Minerva, ya sé que me alargo.

Y no: no se preocupe por la nota.
Y ahora vaya, vaya: páseselo en grande.

Y sea usted la reina de la clase
de gimnasia.

Dicterios

I

Les quedan a ustedes cinco minutos…
Se aprestan, mis alumnas, al combate:
qué lástima de guerra de las Galias.
Monótona la lluvia en las escalas
de levante.

II

Preambula fidei, me los piden
ustedes, con los ojos, con los labios.
¿Me van a estudiar más?
¿Prometen más esfuerzo para el próximo
trimestre? De acuerdo. Pero no,
no miren tan de cerca, que ya sé:
soy yo quien no merece
su aprobado.

III

Qué olor a sacristía tienen dentro…
qué pórfidos y mármoles y acantos…
qué falso su *horror vacui,* tan pagano
que a veces, sin pecar, ya me arrepiento…

IV

Repítanlo conmigo, de memoria:
los órdenes del cuerpo son dórico, jónico, corintio,
sus ejes son el cardo el decumano,
sus partes, basa, fuste y capitel,
su tiempo se divide en alto y bajo.
No traten de entenderlo.
¿Para qué?

V

Soy célibe hasta la saciedad.
Soy ursulino.
A poco que me pare o me distraiga
se forma una tonsura en la mitad
de lo que explico.
Me pasa con frecuencia: por ejemplo
los lunes, cada vez que vuelvo a verlas
después de no creer
en casi nada.

VI

¿Quién es el escorpión y quién la rana?
Eso, créanme, ya poco importa:
importa más quién de los dos llegue primero
a ser el río.

VII

Me siento un cardenal de Antioquía
que vive bien en Roma, entre oropeles
y bóvedas y escenas dionisiacas
muy lejos, sin embargo, de la sede episcopal,
que tanto añora.
Tal vez podría
volver junto a mi grey si ustedes me dejaran
tocarlas como hago entre mis sueños,
in
partibus
infidelium.

VIII

Collige vir…
escribo en la pizarra.
Y entonces, al volverme
las veo allí absoluta —
mente ajenas
a todo lo que sea diferente
de la vida.

IX

Ahora crucen bien los brazos: ¿ven?
Su cuerpo es atletismo puro,
distancia exacta.
Y justo entre sus pechos, por encima de su ombligo,
un tenue tintineo de moneda sumergida
susurra que ya pronto alcanzarán
la edad del *garum*…

X

…Ya puede Roma dejarse
del Tíber crecer las barbas
que yo me entretendré por sus orillas
buscando las monedas con su efigie
que pronto venderé
como si fueran falsas.

X *(bis)*

Sin César y sin Bruto y sin puñales:
que caiga entre nosotros de una vez
esta maldita república.

Plural en orum

¿Que quiere usted saber de qué le sirve…?

…Pues mire, no lo sé. Dicen que amolda
la mente. Que un día no lejano, cuando aprenda
la triste diferencia entre su ser
y el poder ser, o cuando ya no le apetezca
seguir con su marido y tenga dudas
(aunque sí, algo aún sí
sienta por él,
algo de lástima)

tal vez se acordará (no me pregunte
por qué) de este plural de genitivo
que pongo, gratuito, entre sus labios.
No es mucho, ya lo sé, pero es difícil:
seguro que se acuerda y pensará
— por un momento solo, tal vez piense —
que no cualquier pasado fue mejor.

Y ayuda ¿sabe usted?: creérselo.

Dos alumnas en Venecia

Well, the theatre is certainly not what it was!

TS. ELIOT

I

Saltan del *traghetto* como un rebaño de terneras saltaría del
camión. Han llegado al Canal Grande vía Londres o Lisboa.
Es su viaje de fin de curso: estudian el último año en un
instituto del *mid west*.

Llevan gafas de pasta gruesa, sonrisa de pasta gruesa,
camisetas ajustadas con el nombre de una disco y un par
de guindas unidas por el peciolo. No lo saben todavía,
pero es el logotipo de sus pechos.

Hacen pompas con el chicle y las pegan bajo el arco de
los puentes. Pasa un gondolero, y al verlas todas juntas,
sudadas como un plato de *fusilli al dente*; escarba con su
pértiga el lodazal de su memoria.

En su góndola va una pareja de japoneses cogida
de la mano. No se miran. No sonríen. Celebran,
cual estatuas de ceniza, el treinta aniversario de una boda
en Nagasaki.

II

— «What is there in the Canals?»

Le dice una a la otra. Han llegado hasta un recodo de agua
espesa, entre muros desconchados, en el límite untuoso
entre la yedra y su reflejo.

Ellas no saben dónde están, o qué debía ser aquel lugar
en el siglo XVII. Tampoco saben qué es el siglo XVII, ni les
interesa. Solo tienen una breve intuición de podredumbre,
de bodegón con cebollas y cabezas de cabrito.

Están sudando como sufren las *madonnas*. Se les ha
formado una lágrima de sudor en torno de las gafas.
Pero eso tampoco les importa: hablan, como si nada,
de un jardín de robles, de una fiesta de fin de curso,
de un equipo de fútbol americano.

Algunos ganchos cuelgan, oxidados, del alambre del
antiguo matadero.

III

Las encontramos de nuevo en Murano, del otro lado de la
Laguna. Nos sonríen. Tal vez hablen de nosotros. De lejos
llega el agua cuarteada y el tibio olor podrido de un canal.

Una tarde igual a ésta —solo que hace trescientos años—
Casanova acaba de fugarse de la prisión dei Piombi, salta de
techo en techo con la peluca en la mano, raída por las ratas.

Nosotros tenemos que coger el *vaporetto* hacia cualquier isla
de vidrio soplado y dar cuenta de un picnic de risas sobre
algo parecido a un aguamarina.

Casanova tiene que llegar hasta el muelle más cercano, saltar
sobre una *zattera*, refugiarse bajo una capa, perderse.

Nosotros tenemos que volver pronto al hotel, hacer el *check
out*, coger un auobús flotante, regresar al aeropuerto.

Qué lejos le quedan a él París, Viena, Múnich, Lisboa.

Qué lejos nos queda a nosotros Venecia.

Tres sexenios

I

Andaba yo sumido en un adverbio irregular:
bene, melius, optime, multum, magis, maxime.

Vi entonces la pareja de semánticas torcaces
ocultas tras la fronda de una jerga impenetrable.

Creílas neologismos por el color de sus alas.
Busquéme un puesto cabe el seminario

de clásicas do una efigie de Platón, y un ordenanza
hablaban de trienios y de huelgas y de horarios.

Cargué el fusil de postas: cuatros, cincos, sietes, ochos
dispuesto a alguna ráfaga de *o tempora o mores*

pero huyeron, ay, sí, huyeron —cuándo, cómo—
al vuelo migratorio de otra oscura lengua franca.

II

Dos vulpéculas se afanan
por hincarle el diente a un texto de Aristófanes
y tira para un lado cada una: quieren ambas
papel protagonista, lo desmembran
como a un mártir cristiano.
Verbera, ure, iugula…
Y en la cávea
—mirándolas comerse cada frase con las uñas—
la brasa roja, el tenue cigarrillo
de un cómico frustrado,
casado y con tres hijos,
un calvo catedrático de historia.
—¿Compensa? —Por supuesto que compensa:
son jóvenes… Adoran el teatro.

III

No, no hay victoria alguna en Samotracia.
Solo hay olas llegándole hasta el pecho
y hombres recios
desnudos de cintura para arriba
remando y empujando y orientando
las velas bajo un viento
que no existe.
No hay victoria,
no puede haber victoria en Samotracia,
no puede, ni aunque ustedes me derroten
dejándose entreabierto ese botón
de la camisa.

Columba nolens

Cómo piden, azules, esos ojos
unos buenos óculos de concha
levemente torcidos hacia abajo
y algo sucios de lecturas atrasadas.

Cómo piden, azules, esos ojos
un panel con alfabetos no nacidos
y unos ciclos verdeazules o salvajes
y un primer sábado noche al aire libre.

Cómo piden, azules, esos ojos
un chupito de licor con desmesura
y un dolor arrepentido de cabeza
y un colirio que almidone las lentillas.

Cómo piden, azules, esos ojos
pelearse con el griego hasta septiembre
y volver a verme pálido en verano.
Cómo piden, esos ojos, ser leídos.

La invención de la isla del tesoro
(onanismo)

Tres trazos son la sola coordenada:
tres cruces, tres montículos de arena
señalan, junto a media luna llena,
dos islas de coral, una ensenada…

Mi mano va escarbando entre la pena
que da saber que ya no habrá emboscada
ni habrá una calavera embadurnada
de pez, ni un hormigueo de gangrena.

Soy John Silver el Largo: cojo, feo
y he visto el mar azul de los Sargazos,
las Cícladas, el paso de Tirán

y aún busco un tesoro mientras veo
que ya no hay nadie ahí, en esos tres trazos,
que me quiera llamar «mi capitán».

ENSAYO DE PAZ PERPETUA

(LXV-LXXV)

«…y de cada hora mía retoña una distancia»

CÉSAR VALLEJO

Aurea mediocritas

Se fueron los bañistas.
Cambiaron las mareas.
Pintaron las farolas.
Quitaron las baldosas con las anclas.

Do antaño pescadores, barcas, y casetas,
agora veo yates, chiringuitos, adosados.

Del cuadro original tan solo queda
tu cuerpo entre barquillos, tiritándome
por dentro
—oh corte del helado de mi tiempo—
dejándome en el brazo alguna gota
de vainilla.

Sky jumping

Qué vértigo de ti, me entra a tu lado…

¿Y dime, cómo quieres que me tire
sujeto de una cuerda a este vacío
que acaba en un paseo de niños con helados?
¿Seguro que han medido bien?
¿Seguro que no alcanza a donde el suelo?
¿Y qué necesidad hay de un suicidio
ahora, que es la hora de la siesta? ¿No podría
seguir siendo un mal plagio de mi mismo?
¿ver fútbol con la Ilíada medio abierta
en el regazo?

Sí… ya sé que era difícil,
que ha habido que pagar, que no devuelven
la entrada y yo no tengo — más quisiera —
la excusa de un humilde marcapasos.
Ya sé que hay muchos otros esperando
que lo haga, que me tire, ya lo sé.

Qué cosa tan ridícula ¿verdad?
Llegar aquí y bajarse. Media vuelta.
Bajar — perdón, lo siento — y respirar. Notar la tierra
aún bajo los pies y recordar,

así, entre la vergüenza y el alivio
que no,
que esta vez no...

Quizás, mañana...

El récord de apnea

Un sueco está bajando a pulmón hasta una sima
do hay algas del tamaño de coles de Bruselas
y peces alacrán y otras marinas alimañas.

Le esperan, en la lancha, periodistas y fotógrafos
y un par de escandinavas que escrutan por la borda
frisando las cincuenta pulsaciones por minuto.

La rubias pulsan juntas el rígido cordel
—cordón umbilical del macho alfa con la vida—
y todos en la barca crepitan de ansiedad.

Se palpa a cada instante la tragedia. Sin embargo
el sol, como un doblón, presagia el éxito inminente:
el récord de inmersión que ha de caer pulverizado.

Lo mismo en esta costa, con Ovidio
estoy haciendo yo: busco en sus fábulas
y trato de indagar en sus honduras.
Y cómo mis pulmones se vacían
de toda soledad, si alcanzo un fondo,
si palpo un pecio, si descubro un ánfora...

Y al fin, mientras aguanto
cinco/seis/siete minutos sin coger el diccionario
¡Eureka!: del mar surge la cabeza

del héroe rubio, exhausta de victoria
y un técnico del *Guinness* mira incrédulo un cronómetro
y un par de hembras barrocas se la cubren con toallas.

Así que de mayor quiero ser él. Y morir joven.

Versículos solares

1

Con un dátil un tuareg en el desierto
logrará vivir tres días.

El primero con la piel.
El segundo con la carne.
El tercero con el hueso.

¿Para cuánto tendré yo, de ti, contigo?

2

«A Áqaba por tierra»
digo —como Lawrence— mirando al horizonte.
Me pongo a caminar por el espacio de tu vientre
siguiendo mi reflejo por la arena
como un espía doble
de mí mismo.

3

Hay matas finas, bajas,
desnudas picaduras casi fósiles
y huellas vegetales que quedaron enterradas.

Y un cactus sin espinas en el borde de los labios
que es todo comisura: son los restos
de un sol que entró en tu piel y le tapaste
la salida.

4

Excavo un agujero de *inuit*.
Me siento allí a pescar.

Me miran los lagartos con su verde clorofila
sacándome una lengua color recién nacido,
burlándose de mí para volverme
comestible.

5

Me vibras plateada entre las manos
como una semifusa.

Te pongo un par de dedos en la boca
sacándote el anzuelo.

Me muerdes y me arrancas media uña.
Te tiro al cubo tibio.

Me observas, me parece, desde un triste
dedal de gelatina.

Tal vez aún no me hayas perdonado
tu forma de morir
sin que te mire.

Polvo enamorado

Bañémonos en ropa interior en cualquier cala
y hagámonos los muertos y salvémonos
en brazos de un muchacho de la edad de nuestros nietos
—señor, ¿respira?
    ¿respira aún?
—si claro, hijo, si: un susto.
Después dejémonos
llevar hasta el hotel con una máscara de oxígeno,
y allí, mientras nos corren
la ducha y sus vapores por las nalgas, por los muslos,
limpiémonos las bolsas de los ojos
de usuras del no ver: desmenucémonos.
Cosámonos las venas y varices,
pinchémonos las flacideces,
dejemos libres las incontinencias,
mezclemos los olores corporales,
catemos suculentos triglicéridos,
juguémonos reúmas a las damas,
seamos lo que dijo aquel poeta
que no pensó jamás en dos como nosotros,
o sea, que dos como nosotros
todavía…

Europa recién raptada

Moviendo el agua espesa del otoño,
disuelta, diluviada tantas veces,
filtrada por un *muesli* diminuto
de conchas, de cangrejos, de alquitrán,
pasea la odalisca
tan fresca, tan recién desayunada,
que a medio metro escaso de mi sombra
diríase pintada por un Rubens.

Su *fisio* ha dicho que le convenía
marchar junto a la orilla, desplazar
el agua, pelearse con la arena.
«Serán solo unos días, un descanso
verás tu cuerpo, cómo lo agradece».

Apenas va cubierta con un tanga agridulce,
dos cintas para el pelo (en la muñeca, en el tobillo)
y un triste neceser con margaritas donde guarda
el postre desnatado de su propia
intimidad.

Se tumba, se embadurna de loción,
se entrega a una novela de aeropuerto.

Y entonces vibra el móvil que dejó bajo el sombrero.
Lo ve y alarga el brazo. Medita

si debe contestar. Dos, tres segundos. Echa un triste,
fugaz vistazo al mar: tal vez espera
aún que un toro blanco
 — o simplemente, un negro —
se la lleve.

No es joven ni mayor. Tiene tres *masters*:

ya sabe que final no está la vida.

Distopía

Otoño se disuelve en una música de ambiente
delgada y huidiza, en una luz de café frío,
de vela sucia y de patín volcado,
de arena sin pisadas ni agujeros
de sombrilla.

Si sigo, a mi manera, abierto al público,
sumido en mi pequeña hostelería,
mirando al camarero, ese *kouros* de temporada
con un par de menús, por si alguien llega
(temiendo que alguien llegue
y pida cualquier cosa que mejor ya no probar
a estas alturas)

no lo hago —créeme— por no llegar antes a casa:
es que ya no sé qué hacer, sino quedarme aquí esperando.

Ni tú otra cosa sabes, que decírmelo.

EL BÁRBARO ODOACRO

(LXXV-XCII)

— Τι περιμένουμε στην αγορά συναθροισμένοι;
Είναι οι βάρβαροι να φθάσουν σήμερα.

— ¿Qué esperamos congregados en el foro?
Es a los bárbaros que hoy llegan.

CONSTANTINO KAVAFIS

Psique

—¿Qué le sugiere esta mancha?

Me pone un cartón blanco
a dos palmos escasos de la cara;
podría, si quisiera, respirar
y darle vida.

—Sin prisas —me susurra— ¿A usted
qué le sugiere?

La observo atentamente (a la doctora):
quizá no haya cumplido treinta años.

Sus gafas de miope y esa voz
de caramelos (en plural). Bajo la bata,
custodia —estoy seguro— algún desnudo
a medio hacer. Agua y harina.

Yo musito algo, y luego bajo la cabeza.

Lo indecible

Allí está
la mariposa perpleja
suspensa en su folículo de tinta.

No sabría
decir qué puede ser el triste viejo
que la observa.

Mi pequeño emperador

Un día despertaste transformado en un pontífice
y enhiesto aún, te diste un homenaje episcopal.

Fue aquel el primer signo de tu oscura decadencia.

El hábito del trono te volvió errático y grueso,
te puso el ademán de un Tertuliano, de un Calígula.

Te diste a la misión de no ser más que un fin de raza.

Mirabas extraviado, receloso, displicente.
Dudabas al hablar, como un *Cla Cla*, como un *Cla Claudio.*

¿Y qué es lo que esperabas? ¿Otra cosa que esos dedos

deformes, que te sacan del batín con lamparones
temiendo la vesícula, la próstata, la ciática?

…Ya Toynbee lo decía: tu destino está en tus manos.

Mi Domina

Ahora está metida en nuestra terma,
do solo caben ella y unas cremas,
en pleno *tepidarium*.

Se la hizo construir hace unos años
en la última reforma, que, me dijo,
sería la de su —perdón— la de nuestra vejez.

Y así fue como una vez aposentados
sus muslos en aquella gran vasija
los bordes se le fueron amoldando
al ritmo inmarcesible de la higiene
cotidiana.

Seis minutos, seis, dura su aseo.

Pero hoy —por ser domingo— el baño dura un poco más.
Hoy puede sumergirse en su codicia,
frotarse con afeites sus líneas desiguales,
contarse una por una las espumas
atrasadas.

Y luego se alzará de entre las aguas
—el seno adulto, triste—
ciñendo una diadema de jabón ligeramente por encima
de donde debería.

—¿Me pasas el champú? —dirá, seguro.

Su voz se perderá en algún armario.

Y yo estaré dormido, tal vez piense.

Quizá tenga razón, y aún le duela.

Velatorio

«No, nadie lo esperaba.
No sé cuál pudo ser el detonante.
La artrosis, puede ser, o la memoria.
Fumar cada vez más, quitarse el güisqui…

Lo dicen y es verdad: no somos nadie. Y ahora
tendremos que ocuparnos de Ángela entre todos,
que se ha quedado sola, y —como él nunca
quiso cotizar— sin casi nada.

Me deja sus papeles —me ha nombrado
su albacea— ya veremos
si hay algo que merezca publicarse.

Parece que fue ayer, el otro día
en la presentación. Tosía mucho,
se le iba fácilmente la cabeza.

Me dijo que ya no tenía fuerzas ni palabras.
En fin, que lo dejaba.
  Y yo le dije,
—lo dije por aquello de animarle—

que también.»

Mensaje en el contestador de mi hijo

«Ya sé que ayer viniste,
debiste llamar antes:
a veces aún salimos

…aquí siempre esperando
que vengas cuando quieras
a ver si coincidimos

y el día que sucede…
no sé cuál era el cine
ni sé qué peli vimos

…dirás que nunca estamos
pendientes del teléfono.
Peor: que no lo oímos.

…Ya sé que luego vienes
y siempre nos quejamos
y encima, repetimos…

…y a veces peleamos
poniéndonos pesados
o nos contradecimos…

…seguro que te dices
si pudo ser verdad
que un día nos quisimos…

En fin: que vuelvas pronto,
no tardes: hazme caso,
que luego nos morimos».

Ars fugae

(a una alumna mía, dejada ir)

Debajo de la manta sigue el perro,
guardándote los pies. Cambias el *compact*
y estudias otra caja que no es Bach,
sino algo parecido. Reproduces
—los dedos en las cápsulas— el arte
de la fuga. Más que un piano
parece un clavecín: su melodía
te adora y te obedece, como un buen
golden retriever. No quiere que te vayas
y no lo impedirá: te sigue dócil,
la música, a tu puerta: darás uno,
dos, tres sorbos de agua.
Tres pasos, ni uno más, sobre la nieve.

Caerá de entre tus dedos el prospecto donde dice
«manténgase alejada del alcance de usted misma».

Caritas

Mi bolsa está turgente.
La mide, mi enfermera, con los dedos. Contiene
un líquido viscoso algo más lento
que la nada —vitaminas, proteínas,
minerales, carbohidratos— triste ubre
que ordeñar. No paro de beber. No es por instinto:
es una vía láctea que penetra
mi antebrazo.
—¿Cómo vamos hoy? ¿Mejor? —A la enfermera
le cuelga de una triste cadenita
—plata dulce de primera comunión—
un cristo en miniatura. Se me agacha: me parece
que quiere regresarme a la lactancia
—…pues no, fiebre no tiene— me la mide
(la fiebre) con el dorso de la mano y se incorpora.
Comprueba que el gotero tiene linfa.
—Le queda en la bolsita media cena —me sonríe
—Me acabo este pasillo
y se la cambio.

Wie ein Hund

…porque el querer el bien está en mí, pero no el hacerlo.

Romanos, 7: 18

Me espera consultando los mensajes en su móvil.

Ya sabe que no veo casi nada.
Dependo del olfato, no del tacto. Como un perro
me oriento por su voz. No sabe dónde
ni cuánto le pondré en la mano izquierda.

Es dueña de la crema, del colirio, el lubricante
del roce entre mi edad
y la del mundo…

Me acerco, con la voz entrecortada.

—Quítate los guantes— le diré— Quítate
los guantes.

Tres apócrifos de Montale

I

Vorresti capire
perchè ci facemmo del male?:

...ma è il male che ci fece,
così, senza capire.

II

Così si è creata
la prima biblioteca di Babele:
tutte quelle sfumature del silenzio
tutti quei «stavo per dirti»,
tutti quei «sì, ma non adesso».

Parlavamo ormai la stessa lingua:
quella in cui non ci capivamo
più.

III

Un giorno si daranno tanta luce
le nostre miniature più segrete
nelle pagine di un codice socchiuso

in un buio monastero
del dodicesimo secolo
dopo di noi.

Non Plus Ultra

Al fin di con mis huesos en un centro de mayores
y a veces sonreía ante una cámara, descalzo.
—Aquí —escuché tu voz— se bañarán todos los días.

(Ya entonces recordaba mi nombre solo a medias:
no más que un eslabón en una hilera de palabras
con chanclas y manguitos, que entraban y salían

de un tríptico del Bosco). «La mano: démela». Te obedecí:
te di lo que quedaba de mi izquierda. La tomaste.
Noté el escozor dulce de tus uñas en mi palma.

—Es normal, no se avergüence —me dijiste, sonriendo—
…dan ganas de orinar mientras se está cruzando.

Gustav von Aschenbach,
in memoriam

Ya todo está dispuesto para el fuego de magnesio:

el gorro veneciano y la chaqueta de almirante.
Los polvos, el carmín y las pestañas inventadas.

No quiero que me ablanden los pies con piedra pómez.
No quiero que me obliguen a tomar menú sin sal.

No quiero estar desnudo ante la lupa de estas aguas.
No quiero desprenderme de aquel último pudor.

No quiero someterme a un tratamiento, por si sirve.

Prefiero imaginarme que eres una de estas fresas.

Del álbum de Roma

Jardín pequeño al fondo de un verano,
después de haber llovido.

Un fauno y una ninfa y un sarcófago.
Y un charco. Son las siete de la tarde.

Si hablaran, ¿qué palabras usarían?
Tal vez las más vacías y pedestres.

De tanto convivir con su silencio
no tienen mucho más que no decirse.

LA ACADEMIA DE LA LENGUA

…Et j'étais déjà si mauvais poète
que je ne savais pas aller jusqu'au bout.

BLAISE CENDRARS

Every heart to love will come
But like a refugee.

LEONARD COHEN

[Preámbulo]

La casa, nuestra casa, está vacía.
Y aquí, los dos, sentados, todavía
pendientes de una estufa que deslía
su frágil vaticinio del invierno.

La casa, nuestra casa, está vacía.
Y aquí los dos, sentados todavía
con un batín y un chal de lana fría
pendientes del azul de un fuego eterno.

¿Recuerdas cuántas veces de esta llama
gozamos y, dejándola prender,
uscimmo quindi a riveder le stelle?

¿Y ahora? Venga… Vamos a la cama
¿La apagas? —dices— anda mira a ver
qué ponen, si algo ponen, en la tele.

I

[las ruinas]

Es martes. Por la noche. Fuera llueve.
Tú duermes a mi lado. Yo tampoco.
Contemplo, con la sábana hasta el cuello
el triste camposanto que rodea
nuestra cama.
                    Aquí las prendas derelictas.
Cansadas. Arrugadas. Mustias. Fofas.
Allí las tristes mangas desmedidas,
los cuellos resfriados, los irónicos
ojales.
        Mal dejada, nuestra ropa,
desnuda, como queda de nosotros,
no es nuestra. No es de nadie.
                          Y «hoy tampoco»
—dijeron, todos juntos, corifeos
del acto marital, nuestros vestidos
hic dies nefastus.
                    Leí un poco.
                              Me dormí.
Y entré con un candil, en los suburbios,
la *Roma quanta fuit*, las plazas tristes,
las cúpulas, la niebla en espiral.

Llegué hasta el templo griego de tu nombre.

Me vio aquel edecán.

                     —No le esperábamos.
Están de buen humor: tal vez le admitan.

II

[los catedráticos]

Delante de los torvos catedráticos
— preséntese y exponga sus motivos —
les digo la verdad: «mi nombre es nadie».
— Resuma, por favor: sin poesía.

Me observan mientras leo algunos versos.

— Son malos, la verdad. Peor: mediocres.
No hay nombres de personas: hay pronombres.
No hay tiempos ni hay objetos. Hay adverbios,
adjetivos.
                    Qué fraude de poemas
qué poco azul y cuánta pajarita.
¿Qué fue de aquella poesía
primera: Juan Ramón, Rubén Darío?
¿Qué mal le pudo hacer para que usted
la maltratara?

III

[la musa]

Llegaste justo entonces, oh mi musa.
Tomaste la palabra. Les dijiste:

—Maestros… profesores… Indulgencia.
No ha sido el gran poeta que trató
de ser, pero podrían admitir
que al menos lo intentó: se acostó tarde
robando horas al sueño y —te desnudas—
contemplen este cuerpo: qué sintaxis
qué imágenes logradas, qué metáforas.

—¿Pero es que no recuerda su torpeza
sus tics, sus artificios? —respondieron—
¿no ve qué mal puntúa sus lunares?
¿qué torpes sinalefas, sus estrías?

—Admito que eso es cierto —interrumpiste—
muy alto no voló, pero, con todo,
¿qué hay de aquel dolor tan inseguro,
de aquel cerrar mi cuerpo en una sílaba?
¿No es prueba de una cierta voluntad,
de un poco de talento malogrado?

IV

[la petición]

—…Ahora ya es mayor, y se arrepiente.
¿No ven qué pronto y mal ha envejecido?
…Permítanle creer que no fue en vano.
Concédanle un sillón en mi academia
si quieren en la hache de mi cuello
en la y griega de mis pechos caedizos
o en la o suspirada de mi ombligo
o incluso allí debajo, en mi uve doble
de puro blanda casi impronunciable.
Será siempre puntual, disciplinado.
No hará sino cumplir los estatutos.
Confío en que lo harán…

—Si usted, que lo padece, nos lo pide
que así sea…
— dijeron, tras un breve conciliábulo,
los sabios.

V

[el veredicto]

Al cabo del examen te acercaste.
—Dime la verdad, algo habrás hecho
porque hoy nadie envejece tan deprisa…

—¿Qué quieres que te diga? Obras menores:
algunos vademécum para adultos
y prólogos y epílogos, gramáticas,
reseñas, recensiones. Diecinueve
poemarios.
            —¡Diecinueve! —me pasaste
la mano por la nuca— menudo desperdicio…

Y entonces desperté (qué mal recurso,
qué fácil, despertarse de un poema).

Dormías. Allí cerca, en la penumbra,
la pira sin arder de nuestra ropa.

Y es martes. Fuera llueve y hoy tampoco.

Y hoy no nos moriremos. Hoy también.

Summma vitae

Durante tres cursos, de lunes a jueves, a primera hora de la maña-na, mi profesor nos enseñó todo el latín y el griego que cabían en cuarenta y cinco minutos de clase.

He aquí lo que sé de su vida:

Fue el sexto de siete hermanos en una familia de la posguerra. Estudió en un seminario castellano. Se salió del seminario y se doctoró en Filosofía y Letras. Gracias a una beca, pudo estudiar un año en una universidad italiana.

Al regresar a España ganó una cátedra de instituto y conoció a una profesora de matemáticas.

Se instalaron, al poco de contraer matrimonio, en una ciudad — la mía — sin ningún interés filológico.

En todos los centros en que dio clase, mi profesor se hizo cargo de la biblioteca y del teatro. Tradujo por placer todo lo que cayó en su mano, griego o latín, inglés o francés.

Pintaba a la acuarela calas y paisajes. Algunas de sus obras, sin firmar, adornan todavía las aulas por las que pasó.

Mi profesor de latín tuvo dos hijos. Los conozco vagamente. Ella es enfermera. Él se dedica a la informática.

No escriben. No creo que tengan gran interés por la lectura.

Tampoco heredaron su vocación por las lenguas muertas.

Ambos lo recuerdan como un buen padre.

Índice

Esta obra poética de Ignacio Cartagena
terminó de componerse dentro
de las colecciones de
ARS POETICA
en el día 2 de
diciembre
de 2018